JN437389

아주 작은 사랑 이야기

아주 작은 사랑 이야기

초판 1쇄 인쇄 2022년 11월 10일
초판 1쇄 발행 2022년 11월 15일

지은이 조동진
펴낸이 金泰奉
펴낸곳 도서출판 띠앗
등 록 제4-414호

편 집 김태일, 김수정
마케팅 김명준

주 소 (우) 05044 서울시 광진구 아차산로 413(구의동 243-22)
전 화 (02)454-0492(代)
팩 스 (02)454-0493
이메일 ddiat@ddiat.co.kr
홈페이지 www.hansom.co.kr

ISBN 978-89-5854-132 5 (03810)

*책값은 표지에 표시되어 있습니다.
*잘못 만들어진 책은 구입하신 서점에서 친절하게 바꿔드립니다.

아주 작은 사랑 이야기

조동진

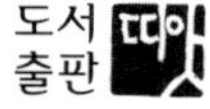

| 시인의 말 |

힘찬 울음소리를 시작으로
세상에 태어나는 그 순간부터
우리는 순례자(巡禮者)가 되어
고행(苦行)의 순례(巡禮)길을
걷기 시작하는 것은 아닌지요?
보다 맑고 보다 밝은 삶을 영위(營爲)하기 위하여
한 발 한 발 고행(苦行)길을 걸으며
때로는 기쁨과 환희(歡喜) 속에
때로는 뼈를 깎는 고통과 아픔 속에
다시는 되돌아올 수 없는 길 그 길을 걸으며
꿈을 먹고 꿈을 키우며 세상과 동화(同化)되어
순례자가 되어
꿈속을 거닐며 꿈과 사랑 찾아 노래하는 것이
우리네 삶이라 생각하며
살아가는 이야기를 해보았습니다.
물안개 피는 순례길을 걸으며…

조동진

| 목차 |

제3부 오늘도 어제처럼

제4부 너와 내가 쓴 시(詩)

제1부

처음처럼

너와 나 둘이서

너와 내가
함께하는 곳이라면
어느 때
그 어느 곳이라도
그곳에
따뜻한
사랑 담겨 있고
그 사랑 넘쳐
흐르고 또 흘러
아픈 상처 닦아주며
따뜻한 사랑으로
곱게 품어주는 곳

그곳이
너와 나의
마음의 고향인 것을…
너와 나의
사랑인 것을…

그 따뜻한 사랑이
너와 내게 주어진
아름다운 선물이기에
너와 내게 주어진
복된 축복이기에
우린 함께
다듬고 가꾸어가는 거지
너와 나 둘이서…

나그네

꿈을 꾸네요
또 꿈을 꾸네요
밤하늘을 수놓으며
꼬리별 떨어질 때
수줍은 어린 천사
아름다운 눈동자에
반짝이며 담겨 있던 꿈
그 꿈이 아스라이
뜨거운 눈물 되어 흐르네요
배시시 웃는
아기 천사의 미소 속에
세상 밖으로 흐르네요

너무도 허무하게
잃어가는 순수(純粹)와
차갑게 식어가는 사랑과
점점 멀어져 가는
인연(因緣)들을 찾으려

그렇게 또
꿈이 흘러넘치네요

나 홀로 감내(堪耐)하기엔
너무도 커다랗기에
세월 탓으로 돌려버리기엔
너무도 아쉬워
잃어버린 그 꿈을 찾으려
너와 나의 기억들이
하나씩 점철(點綴)되어
은하수를 이룰 때
너와 나 용기 내어 길 떠나리니
꿈을 찾아 사랑 찾아
길 떠날 수 있음에
꿈을 먹고 꿈을 꾸며 길 떠날 수 있음에
너와 난 잃어버린 꿈을 찾는
나그네인 것을…

꿈이여!

밀려오는
혜풍(惠風)에
심신(心身)을 싣고
봄 가면
또 새봄이 오듯
수천 번 수만 번의
억겁(億劫)을
갈아 치울지라도
내가 먹고 마시며
곱게 키워온 그 꿈
잃지 않으련다

비록 힘에 겨워
지쳐 잠든 지난날의
작은 꿈일지라도
나 지켜내련다
하오니 꿈이여!

깨어라 깨어나라!
피어라 다시 피어라!
억조창생(億兆蒼生)의
틈바구니에 끼어
깊은 잠에 있지 말고
깨어라 깨어나라!
나의 꿈이여! 사랑이여!
피어라! 피어나다오!
나의 꿈이여! 사랑이여!

처음처럼

진주처럼 영롱한
사랑이 피어나고
사랑은 설레임으로
긴 밤 지새우며
사랑을 주고받으며
연정(戀情)을 꽃피웠네
그 모든 꿈 순수(純粹)하고
그 모든 꿈 아름답고
그 모든 꿈 신선(新鮮)했지
살포시 머금은
미소(微笑)까지도…

하여
첫사랑 피어나던
그때 그 시절로
나 돌아가련다
푸른 꿈 피어나던 그 시절로…
그 모든 꿈 청순(淸純)했고

그 모든 꿈 푸르르며
그 모든 꿈과 희망이
곱디고운 사랑이었기에
그 미소 그 모습 그리워
그때 그 시절로 돌아가
처음처럼 그렇게 또
사랑 주고 사랑 받으며
또 새로 돋아나는
꿈을 꾸고 싶다
더 깊고 더 따뜻한 사랑
만들어가고 싶다
너와 나 둘이서…

또

지는 해 노을 속으로
당신은 저 멀리 떠나가고
그리움은 또
먼지처럼 쌓여만 가는
하이얀 눈 내리는
들녘에 서서
이미 지나버린
그 옛날 추억들을
들추어보네

몹시도 따뜻했던
어느 늦은 봄날
살랑바람 불어주는
마포대교
난간(欄干) 위에서의
첫 입맞춤을…
그날의 그 떨림을 기억하며…
몹시도 당황하던

당신의 그 모습 떠올리며
또다시 쌓여만 가는
그리움에 묻혀가네
해맑고 순수(純粹)했던
그날의 당신 모습
너무도 눈에 선해서
또 그리운 옛 추억을
꿈으로 담고 있네…
그리움의 늪으로
빠져들고 있네…

산다는 것은

두터운
땅 가죽을 뚫고
새싹은 고개를 내밀지만
짙은 안개 속에 갇혀
내 자신 서 있는 곳도
내가 무엇을 하고 있는
누구인지도 모르면서
욕심부터 챙겨간다
그 무엇도 보장되는 것 없는
험한 세상에 서서
혹여 하는 마음으로
요행(僥倖)을 바라며
넘치는 욕심부터 키워간다

모든 걸 알고
모든 걸 터득(攄得)하고 나면
다 부질없는 욕심이었음을 깨달으며
언뜻 언뜻 비치는

서광(瑞光)을 바라볼 때엔
이미 꿈은 꿈으로 끝나고
너와 난 어느 사이
주어진 삶을 가꾸고 키우는
정원사(庭園師)가 되어
감사하는 마음으로 살고 있지
그저 주어진 것에 감사하고
그때그때 웃을 수 있음에 행복하고
따사로운 님의 품 님의 사랑
꼬옥 안을 수 있음에 감사하며
내 자신을 알아가게 되는 거지
그 모든 것이 삶이요
가슴 따뜻한 사랑이라 일컬으며
자아(自我)를 찾아
망각(忘却)의 늪을 걷는 거지…

꿈을 찾는 술래

바람 불어 스산한
망망대해 파고(波高) 속
한복판에 서서
홀로 떠도는 부표처럼
이 마음 머물 곳 없어
헤매 도는 꿈이여!
못다 이룬 너를 찾아
오늘도 이슬에 젖는구나

어떡하겠니
딱히 갈 곳이 없는 걸…
이 마음 담아놓을
작은 그릇 하나 없는 걸…
그래 둥실 허공중에 떠 있는
잃어버린 꿈이기에
싹 틔워 키워볼 수도 없는 걸…

그러나 이 작은 마음에

해 뜨고 훈풍 불어와
내 작은 꿈에 간지럼 줄 때
나 그를 따라가리라
훈풍에 이 마음 실어
그를 따라 흐르면서
잃어가던 내 꿈
너를 찾아 가꾸리라
너와 함께 살리라

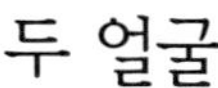

두 얼굴

기쁨과 슬픔
사랑과 미움
선과 악 그리고 생과 사
각기(各其) 다른 둘이
짝 아닌 짝이 되었다
양면(兩面)을 지닌 하나
아니 하나가 된 양면
그래 너와 나 모두는
뒤집으면 전혀 다른
두 얼굴을 지닌 채
양면성을 갖추어가며
야누스(Janus)의 삶을 살아간다
다 살기 위함이라며…

제 모습 감추려는
카멜레온(Chameleon)처럼
때에 따라 필요(必要)에 따라
환경(環境)에 따라

너무도 쉽게 변하는
너와 내게 있는 양면(兩面)성은
험한 세상과 타협(妥協)하는
생계(生計)수단이 되어간다
이래선 안 되는 줄 알면서도
짐짓 모르는 체
양면성을 숨기며
카멜레온이 되어간다
다 살기 위함이라고
핑계를 대며…

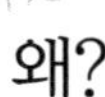

왜?

그 누가 띄웠을까?
하이얀 종이배 하나
저 작은 종이배가
개여울 따라 흐르듯
꿈을 먹고 꿈을 키우던
너와 나
흐르는 세월 따라 길 나서면
한줌 재가 되어
저 강물 위에 뿌려지려니
바람결에 흩날리며
강물 따라 흐르리니
살아생전 품었던
꿈도 야망도 욕망도
영혼 따라 그렇게 모두 다 그렇게
저 강물과 친구 되겠지?

저 강물도 친구 되어
너와 나의 아픈 마음 씻어주려

도도(滔滔)히 흐르리니
강물은 길동무 되어
너와 나를 등에 업고
검푸른 바닷속에
하이얀 파도 되어
너와 나의 고향 찾아주려
뭍으로 뭍으로 또 뭍으로
오르고 또 오르려 애써보지만
용납(容納)하지 않는 물이여!
이기적인 세상이여!
왜! 파도의 우정을 가로막는가?
왜? 고향 길을 가로막아
너와 나의 두 눈에
촉촉한 이슬 맺혀
흐르게 하는가?
왜?

욕심

시작도 끝도
연결점도 없이
돌고 도는 동그라미처럼
삶이라 일컬으며
돌고 또 돌며
반복(反復)되는 인생길에
왜? 무엇을 위해
욕심을 부리며 채우려고만 할까?
일방통행 길을 가고 있는
한 번뿐인 인생길
이제는 욕심에서 벗어나
잠시 잠깐 쉬어가며
나를 다독이고 보듬어
여독(旅毒)을 풀어준다면
따뜻한 사랑으로
감싸고 안아준다면
아직 많이 가야 할 길
남은 그 길에

평온(平穩)이 있을 텐데
힘들고 지쳐 있던 그 길에
일곱 빛깔 꽃 무지개
빛 고운 꿈이 필 텐데…
아! 마지막까지도
버리지 못하는 욕심이여!
탐욕(貪慾)이여!

그렇게 가더라

이 넓은 세상
그 어느 곳에도
작은 마음 하나 둘 곳 없어
이리저리 떠돌다
엎어지고 넘어진 곳
그곳에 주저앉아
달님 별님 벗을 삼아
이런저런 넋두리 풀다 보니
눈치코치 없이
세월은 하염없이 흘러가더라
가슴 시린 사연 담아
사랑 타령 하다 보니
삶 또한 물같이 흘러가더라

이렇게 흐르는 세월 속에
그 모든 꿈과 사랑을
힘없이 흘려보내며
주름투성이 백발이 되니

손때 묻고 정겨웁던
그 모든 것들이 슬금슬금
미련 없이 하나 둘 그렇게 또
훌훌 떠나가더라
한 맺힌 인생살이
또 덧없이 그렇게 흘러가더라
세월 가면 갈수록 남는 것은
아쉬움뿐이더라…

당신은 나의 연주자

나 언제부터인가
당신의 따뜻한
손길을 기다리며
어둡고 냄새나는
다락방 한구석에
외롭게 놓여 있는
줄 끊어지고 먼지 쌓인
볼품없는 기타랍니다

그러나 하늘이 허락한
내 사랑 그대여!
냄새나는 이곳
다락방에서 날 꺼내어
당신과 함께할 수 있도록
낡은 줄 끊어진 줄 갈아주고
먼지와 곰팡이 닦아내어
당신 뜻에 맞도록 조율(調律)하여
부드럽게 연주(演奏)해 주세요

나 당신 연주에 맞추어
즐겁게 노래하리라
오직 당신만을 위하여
부드럽고 맑은 울림으로
따뜻한 사랑 담아
사랑 노래 부르리라
당신을 진정 사랑하기에
화음(和音)을 맞추어
목청껏 노래하리라…

봄은 만드는 거야

폭풍한설(暴風寒雪) 무서워
겨울을 너무도 싫어하는
사랑스러운 어린 천사
봄 오는 소리 몹시 그리워
허공중에 귀 기울이네

그러나 얘야!
너무 두려워하지 말고
하늘을 보렴
이제 곧 하얀 눈 내리면
네 작은 손에 삽을 들어
저 사납고 매서운
폭풍한설을
묻어버리는 거야
온 누리가 새하얀
캔버스(Canvas)가 되도록…
티 없이 맑고 깨끗한
캔버스로 만드는 거야

매섭고 날카로운 동장군(冬將軍)을
흰 눈 덮어 잠재우면
까아만 밤하늘엔
반짝이는 별들이 만개(滿開)하고
꼬리별 떨어지며
밝은 빛 환하게 비출 때
꿈으로 가득 찬
봄님을 네 마음에 장식하며
하이얀 캔버스에
봄을 그려가는 거야

파릇파릇 움트는
연한 새싹도 그리고
진달래 진분홍 치맛자락에
산수유 노오란 저고리를 입히면
어느 사이에 아지랑이 피어오르고
온 누리에도
어여쁜 네 마음속에도

성큼 봄님이 다가선단다
따뜻한 웃음 흘리며
너에게 오시는 봄님을 맞아
예쁘게 단장하고
꿈과 사랑 담뿍 담아
사뿐사뿐 오시는 봄님을 맞으렴

활짝 열린 창문 너머로
아름다운 벌 나비 춤추고
꽃향기 맑은 하늘로 퍼질 때
네 꿈 실어 하늘 높이 띄워보렴
아마 그곳에 화원(花園)이 있을 거야
사랑이 가득 피어나는
꿈의 화원이…

상고대

북풍한설(北風寒雪)에
피었네 꽃이 피었네
신비의 꽃 무송(霧凇)이 피었네
메마른 풀잎에도
앙상한 나뭇가지에도
아침 이슬처럼 영롱한
무송(霧凇)꽃 만개(滿開)해
햇살에 반짝이며
바람에 일렁이며
은구슬 찰랑이며
눈부심을 자랑하네
북풍한설에
피었네 꽃이 피었네
이 산 저 산 아름다운
무송꽃 피었네
아! 몽송(雺凇)꽃 피어
고운 듯 웅장(雄壯)한
조각품이 되었네

제2부

네가 사는 이유

그리움

뒤뜰에
북새바람 불어와
열풍(熱風)을 밀어내고
아름답던 꽃잎 낙화(洛花)되어
실바람에 흩날리면
그리움은 또다시
가슴 깊이 스며들고
심연(深淵)에서 우러나오는
뜨거운 눈물
두 눈에 촉촉이 맺혀 흐르면
이 작은 마음 갈 곳을 잃고
가끔은 아주 가끔은
죽음이라는 끝맺음이
살짝 부러울 때도 있단다

홀로 이겨내기엔 너무도 벅차
홀로 참아내기엔 너무도 힘에 겨운
그리움의 뜨거운 불꽃은

언제 어디서나 나를
외로움의 늪으로 밀어 넣기에…
그래 가끔은 아주 가끔은
죽음이라는 끝맺음이
많이 부러울 때도 있단다
끝을 알 수 없는 저승길이…

하여 아름답던 푸른 잎새
낙엽 되어 산마루에 뒹굴고
슬피 울던 뻐꾹새 울음 그치면
어느 사이 북새바람 성큼 다가와
텅 빈 이 마음을 또
그리움으로 잠들게 한단다
그리움으로…

신부(新婦)

나는
따사로운 햇살 보이는
작은 창가에 앉아
사랑이 가득 담긴
당신의 따뜻하고 부드러운
그 손길만을 기다리며
당신을 위해 눈웃음 짓고
당신을 위해 꽃 피우며
오직 당신의 행복을 기원(祈願)하는
따뜻한 봄날에 오는 신부(新婦)
노오란 꽃잎의 프리지어(Freesia)!

오늘도 노오란 꽃잎 활짝 열고
당신의 그윽한 눈길이
사랑 기득 담긴 손길이
사뿐히 내게로 다가와
달콤한 사랑의 단비 내려주기를
기다리고 또 기다리며

수줍은 꽃송이 하나 둘
펼쳐갑니다
꿈을 실어봅니다

나의 모든 시선과 삶이
나의 모든 꿈과 사랑이
오직 당신 마음 흐르는 곳에 멈추어
나 당신만을 바라보며
따뜻한 당신의 사랑을 먹고사는
당신 바라기인 것을…
오직 하나뿐인
당신의 반려자인 것을…

소녀의 사랑 이야기

우연히
너무도 우연히 듣게 된
참으로 귀엽고 순진(純眞)하며
꽃처럼 아름다운
어느 소녀의 러브스토리(Love story)는
언제나 날 웃음 짓게 해
어쩌면 그렇게
바보스러울 만큼
어설펐을까 싶어서
나도 모르게 웃고 또 웃었지

정말 요즘 세상에서는
너무도 안 어울리는
옛이야기에나 있을 법한
전설 같은 사랑 이야기가
소녀의 고운 입술 위로
물 흐르듯 흘러나오면
정말 귀엽고 사랑스러워

난 그윽한 눈으로 바라보며
한 음(音)도 놓치지 않으려 했지
참으로 아기자기하고
깨알처럼 고소한 이야기 속에는
정녕 많은 것을 생각하고
많은 것을 되돌아보게 하기에…

하여 무심(無心)히 흘러가는
세월에 어울리며 함께하는
그런 꿈을 먹고 키우길 기원하며
소녀의 꿈과 사랑을 응원한다네
소녀의 가는 길 그 길에
아름다운 꽃 무지개 뜨기를
간절히 기원(祈願)하며…

아이야!

아이야!
보랏빛 라일락 꽃향
함박웃음 흘리는
이 따사로운 봄날
넌 무슨 꿈을 꾸었니?
네가 꾸는 꿈
네가 그려가고 있는
그 아름다운 꿈은
무슨 색일까?

게으름뱅이
들고양이에게도
찾아든다는 따스한 봄볕
이 따사로운 봄날
넌 무엇을 생각하며
무슨 꿈을 그려가고 있니?

이렇게 좋은 날에

헛되고 허망한 꿈이 아닌
생동감(生動感) 넘쳐나는
맑고 고운 꿈 퐁퐁 솟아올라
네가 가는 길에 징검다리 되고
네 어깨 위엔
아주 고운 날개가 돋았으면 한단다
네가 가는 그 길에
빛 고운 무지개 뜨길 빈단다
넌 너무도 곱고 선한 봄 나비처럼
귀여운 어린 천사이기에…

눈물로 지워지는 수채화

그리움은
까만 밤을 지새우고
너무도 멀리 떠난
네가 너무 보고파
머릿속에서 맴도는
우리 둘의 사랑 이야긴
잊겠노라 정말 잊겠노라
다짐에 또 다짐을 해보건만
도저히 잊을 수 없어
언제나 날 힘들게 하네

하여 오늘도 난 비틀거리지
그리움의 늪에 빠져
똑바로 서지도 못하고
보고픔에 외로움에 비틀거리며
너를 찾아 꿈을 꾼다
또 꿈을 꾼다
점점 더 깊어가는 그리움에 젖어

나는 오늘도 수채화를 그려간다
눈물로 범벅된 수채화를…

보고파 너무도 많이 보고파
흐르는 눈물을 훔쳐보지만
두 볼에 흐르는 눈물은
캔버스(Canvas)를 적셔간다
아픔으로 그리움으로 그려온
내 마음속의 수채화가
눈물로 번져간다

모든 것 지우려는 듯 다 지우려는 듯
떨어지는 눈물로 지워지고 있다
뜨거운 눈물로…

늦기 전에

실바람 따라 꽃향기 흐르고
물소리 바람소리 흐르는
계곡을 따라 꽃향기 따라
꿈과 사랑도 흐르는 곳 그곳엔
오목눈이 봄버들에 스며들고
흰줄 곤줄박이 춤사위가
오가는 길손을 위로하는
얕은 계곡 산자락에는
온갖 꽃님네들 봄 향기 둘러메고
고운 나비되어 실바람에 나빌레라

봄님은 자장가를 부르고
봄날은 몹시도 따사로운데
꽃비인 듯 꽃눈인 듯
봄 나비 쌍쌍이 춤을 추듯
꽃잎은 낙화되어
실바람에 흩날리고
개여울 흐르는 곳에

세월도 흐르나니
이제 마악 눈을 뜬 어린 새순
실바람이 헤적일 때
고웁던 꽃잎 낙화되어 떨어지고
즐거이 노래하던
산새들 노랫소리 그치면
지는 해 노을 속으로
긴긴밤 찾아오겠지?
인생도 저물어가겠지?

저 하늘에 반짝이며
별님네들 모여앉아
하이얀 은하수를 이루면
우리 인생 더 늦기 전에
싱그럽고 풋풋한
젊음이 가기 전에
은하수 저 강물 위에
작은 쪽배 하나 띄워놓고

꿈을 싣고 사랑 실어
너와 나 우리 함께
뱃놀이 가자꾸나
깊은 시름 아픈 상처
저 강물에 던져버리고
웃음 싣고 행복 실어
너와 나 우리 함께
뱃놀이 가자꾸나
만물이 소생하고 춤추는
봄날이 가기 전에…
젊음이 가기 전에…

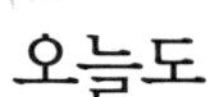

오늘도

이른 아침
잠에서 깨어
가만히 귀 기울이면
팔딱 팔딱
심장 뛰는 소리 들리고
바삭 바삭 바사삭
이불 스치는 소리 들려오면
창밖에 살랑바람 불어와
굳게 닫힌 창문을 흔들고
아침 해 찬란(燦爛)한 햇빛
살금살금 스며들면
나 오늘도 살아 있음에
감사를 드리며
꼼지락 꼼지락
또 하루해를 시작할
힘찬 기지개를 켠다
따뜻한 이불 속에서…

삶

몇날 며칠
울어 젖히던
늦은 봄비도
눈물을 거두고
함초롬히
빗물에 젖어
추위에 떨던 작약이
기지개를 켜자
먼 산 넘어 지는 해
검붉은 노을 따라
삶도 흘러간다
힘에 겨워
고달팠던 어제는
혜풍에 실려가고
차디찬 빗물에
씻겨간 듯
어느 사이
찢어져 쓰라린

상처 위에
해맑고 따스한
햇살 내려앉아
여린 새순 틔워
꿈을 키워간다
어제 일은
없었던 듯
까맣게 잊고
도란도란 웃으며
행복에 취해 간다
옛이야기인 듯
어제를 노래하며
너와 나
오늘도 살아간다

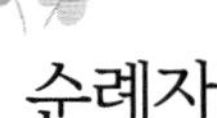

순례자

때늦은 봄비
주룩주룩 내리고
만개(滿開)한 작약도
함초롬히 비에 젖고
슬피 울던 뻐꾸기도
둥지를 찾아드는
해 저무는 들녘에서
작은 육신 쉴 곳 찾는
어설픈 순례자(巡禮者)여!
험한 이 밤 지나면
내일은 밝은 서광(瑞光) 비추리니
가슴에 담은 무거운 짐 내려놓고
이 밤일랑 편히 쉬어가시게나!
또 가야 할 내일을 위하여…

끝을 알 수 없는
머나먼 순례(巡禮)길
지친 육신(肉身) 대변(代辯)하듯

보일 듯 말 듯 점점(點點)이
따라오는 가녀린
발자욱 자욱마다
연민(憐愍)에 쌓인 그리움을
바람에 실어 보내고
세월에 씻겨 보내며
강물처럼 흐르는
갈 곳 없는 나그네여!
오늘은 또 무엇을 보고
무슨 꿈을 꾸시는가?
해도 저무는데
이 밤 쉬어가시게나!

삶이란?

자네 아는가?
삶이란 그저
해 지는 들녘을
거니는 것이 아니라
아침 해 찬란한
새벽을 여는 거야!

하여
높은 산을 오르듯
깊은 강을 건너듯
조심스레
나아가며
과감(果敢)히 부딪치는 거야

때로는 잠시 잠깐
쉬었다 가더라도
결코 되돌아보지 말며
미리 지레짐작으로

겁을 먹고 포기(抛棄)하지도 말며
목표를 향해 아주 조금씩이라도
끊임없이 나아가는 거야

하여
삶이란 어둠 속을
무작정 헤매는 것이 아니라
밝은 태양을 찾아
새벽을 여는 거야
내 손으로 여는 거야
내일을 위하여…

너 있음에

메마른 내 가슴에
작고 어여쁜
꽃 한 송이 피었네
너무도 향기롭고
너무도 청초(淸楚)한
예쁜 꽃 한 송이가…

실바람 타고 내게로 날아와
이 작은 가슴속에 피었네
사랑도 피어나고
꿈도 피고 행복도 피어났네

하여 내 마음 깊은 곳엔
언제나 네가 피어 있어
내가 살아가는 거야
네가 있어 나 언제나
행복에 들떠 있고
네가 있어 살아야 할 이유가 생긴 거야

내 곁엔 늘 네가 있어
난 무엇이든 할 수 있고
너로 인해 꿈을 먹고 꿈을 키우며
사랑의 정원(庭園)을 가꿀 수 있는 거야
우리들의 둥지를 가꾸는
당신만의 정원사(庭園師)가 될 수 있는 거야
사랑하는 너를 꽃피우기 위해…

귀향(歸鄕)

꽃은 낙화(洛花)되어
바람 따라 흐르고
지는 해 서산에 걸리면
어두움 깔리는 뒤안길로
온갖 잡다(雜多)한 이야기와
아름답던 추억도 가고
사랑하며 사랑받던
그 모두도 떠나가고
마음속 깊은 곳에 숨어 있던
꿈도 사랑도 흩어지고
어느 새 날개 잃은 나비 되어
이슬 젖은 풀잎에 누웠네
아름답던 그 모든
젊음과 꿈과 사랑도
시나브로 잃어버리고
날개 잃은 나비 되어
세월 한켠에 누웠네
발가벗고 왔던 그곳

새 생명이 넘쳐나는 그곳으로
나 돌아가고 있네
꿈을 먹고 꿈을 키우던 내가
어느 새 꿈이 되어
이솝우화(寓話)가 되어
지난 추억으로 남아돌며
귀향(歸鄕)길을 걷고 있네
발가벗고 왔던 그곳
내 본향(本鄕)을 찾아서…

개척자(開拓者)

척박(瘠薄)한 땅
칠흑 같은 어두움 속에서도
씨앗은 움을 틔우고
극심한 악천후 속에서도
꽃은 피고 지고 열매를 맺으며
우리네 인생도
이승과 저승을 넘나들며
환생(幻生)을 거듭하고
삶을 영위(營爲)하며
꿈을 먹고 꿈을 키워간다
내게 주어진 삶을
운명이라 일컬으며…

그러나!
이 얼마나 바보 같은 짓인가
내 운명(運命)은 주어진 것이 아니라
내 스스로 만들고 다듬어가는 것이기에
내 운명의 책임자는

분명 나 내 자신(自信)인 것을…

하여 내가 지키며
다듬고 개척(開拓)할 생각은 못 하고
하늘만 원망하며
저 하늘에 삿대질하는
가엾은 삶을 살아서야 되겠는가?

자! 이젠
기나긴 잠에서 깨어나
두 어깨에 날개를 달아보자
내 두 눈동자
이슬처럼 영롱히 빛나고
내 작은 가슴
불길처럼 활활 타오를 때
무한(無限)한 꿈과 사랑을 찾아서
내 품에 보듬고 포용(包容)해 보자
깨끗이 다듬고 가꾸어

운명(運命)을 바꾸어보자
내 운명은 분명 내가 지키며
내가 만들어가는 것이기에
나에게 있는 그 모든 것을 걸고
이 한 몸 불태워 빛내보자
내 비록 밤하늘의 혜성(彗星)처럼
잠시 잠깐 빛날지라도…

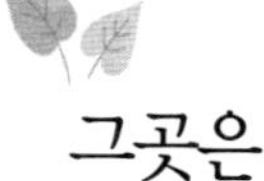

그곳은

해마다 이맘때
꽃 피고 벌 나비 춤추며
산새들 지저귀는 새봄이 오면
나 어릴 적 떠나온 그곳
그곳엔 언제나 남대천 맑은 물 흐르고
뚝방길 풀잎들의 속삭임이
내 마음 깊은 곳에 간지럼 주면
한없는 그리움에 젖어든다
언제 어디서나
내 마음 한켠에 자리 잡고 앉아
두고두고 그리움에 떨게 하는 그곳
애틋한 그리움이 담겨 있는 곳
그곳은 고향이어라…
가고파도 보고파도
선뜻 나서지 못하는 그곳
지금은 아는 이 하나 없는
그리운 고향이어라…

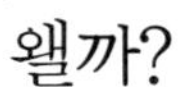

왤까?

정글 그 깊은
자연림(自然林) 속에선
부귀(富貴)도 영화(榮華)도 필요 없건만
저 하늘을 날고 있는 새들도
푸른 초원(草原) 위에서 뛰어노는
온갖 생물(生物)들도
입신양명(立身揚名)을 모르건만
왜? 만물(萬物)의 영장(靈長)인
인간들만 위험을 무릅쓰고
부귀영화를 찾아
입신양명을 찾아
동분서주(東奔西走)해야 할까?

그냥 순수(純粹)한 삶을 키우며
소박(素朴)한 웃음 잃지 않고
건강한 꿈과 사랑을 키우며
너와 나 함께 동행(同行)할 수 있다면
그것이 하늘이 주신 선물이며

진정(眞正)한 행복일진대
너도 나도 지니고 있는
그깟 이름 석 자 남기자고
말로 표현할 수 없는
추태(醜態)와 몸부림으로 일관하는
우리네 일상(日常)이
진정한 삶이란 말인가?

그것이 아니라면
어떻게 살아야 하는 걸까?
무엇이 참된 삶이며
무엇이 올곧은 일상(日常)인지
그 누구도 소상(昭詳)히 알 수 없지만
우린 또 웃으며 살아간다
어제 일은 애써 잊어가며
오늘을 살아간다

네가 사는 이유

애야!
서산에 해 지고
짙은 어두움이 내려
검은 그림자
네 주위를 맴돌기 전에
흑진주 같은 너의 두 눈에
저 맑고 푸른 하늘을
가득 가득 담아두렴
저 넓디넓은 세상을
네 가슴속에 가득 담아두렴
하여 너만의
앨범(Album)을 채워가는 거야
세상 그 모든 것을
네 작은 손에 움켜쥐고
세상 그 모든 꿈을
네 마음속에 가득 담아야
너는 너의 꿈을
찾아갈 수 있는 거야

비록 힘들고 지쳐 쓰러질지라도
절대 포기하지 않는
근성(根性)을 키워갈 때
모든 것에 도전할 수 있고
그 모든 꿈 이룰 수 있음은
네 작은 가슴속에 담겨 있는
아름다운 노력(努力) 때문이지
네 마음속에 간직되어 온
사랑이라는 그릇이
너무도 원대하고 크기 때문이며
그 사랑 영원하기 때문이지
네가 노력한 결과(結果)만큼
마음을 담아 노래하기 때문이지…

제3부

오늘도 어제처럼

무창포에는

검푸른
물결 넘실대며
하이얀 파도 되어 부서지는
황금빛 모래톱
맨발로 걷는 연인(戀人)들
눈부시게 하얗고 검은
조약돌과 함께
갖가지 조가비들이
길 안내를 하고
보드라운 모래들이 간지럼 주는
무창포 모래톱을
맨발로 걷는 연인들
그들의 열정(熱情)을 식혀주려는 듯
불어주는 시원한 바닷바람에 실려
비릿한 바다 내음과 함께
초록빛 파래의 향긋함이
연인들을 맞아주는
길게 늘어선 모래톱 위로

뭉게구름 벗을 삼아
괭이갈매기들의
합창 소리 흐른다
젊은 연인들의
뜨거운 열기 속에
철썩이는 파도소리 벗을 삼아
불타는 젊음이 흐르고
사랑도 녹아 흐른다

오늘도 어제처럼

아직 어두움이 덮인
이른 새벽 공기를 가르며
첫닭이 홰를 치고
안개비 내리는 고요 속에
가로등도 졸고 있는
인적(人跡) 없는
뒷산 마루에서
뻐꾸기는 무슨 일로
저리도 슬피 우는 걸까?
듣는 이 아무도 없을 텐데…

너무도 애끓는
녀석의 울음소리에
새벽 단잠이 깨어
오늘도 또
하루해를 까먹으려 하네

하여 어제처럼

오늘도 평안(平安)한
하루해가 되기를
진심으로 바램하며
마음속으론
기도를 하고 있다
내가 사랑하며
기억하는 모든 이들의
건강(健康)과 행복(幸福)을 기원(祈願)하며…

진미(珍味)

누구나
주어진 삶을 빛내 보려고
힘써 노력하며
또 애를 써보지만
뜻대로 되지 않는 세상이여!
갈수록 꼬여가는 삶이여!

나를 이기고 있노라
생각하며 웃음 짓겠지만
날 우습게 보지 마라
난 내게 주어진 삶을 지키기 위해
결코 포기하지 않는다
세상과 타협(妥協)하지도 않는다
아름다운 꽃잎 활짝 열고
해님과 마주할 때까지
나의 삶을 키우고 가꾸며
내가 꾸는 꿈을 심으리라
나쁜 기억일랑

흐르는 세월 속에 흘려보내고
좋은 추억들은
책갈피에 꽂아놓고 간직하며
내 꿈을 키워가리라
좋은 사람 좋은 일 잊지 않으려
내 마음속 앨범에 간직하여
힘들고 고달플 때면 꺼내보며
내 마음 다독거려 험한 세상 이겨가리라
내 인생 내게 주어진 삶은
결코 덜 삶아진 국수처럼
너무 삶아 풀어진 국수처럼 되진 않으리라
알맞게 익어
갖은 양념으로 목욕하고
맛깔스러운 고명으로 단장한
먹음직스러운 진미(珍味)가 되리라
언제나 배고픈 세상을 위하여…

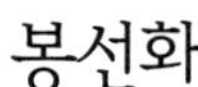

봉선화

우거진 녹림(綠林)
검푸른 여름날
앞뜰 뒤뜰에
청초(淸楚)한 봉선화 피면
빨, 주, 하, 분, 보
오색 봉선화 피면
봉선화 고운 꽃잎
자근자근 찧어
호박잎 옷 입혀
바다처럼 넓은
님의 마음 한 자락에
수채화를 그려 담고
태양처럼 뜨거운
님의 정열(情熱) 끌어 모아
봉선화 꽃물 곱게 들여
아름다운 꿈과 사랑
꽃처럼 피우리라
꽃향기 그윽한

사랑을 심고 가꾸어
이슬처럼 영롱한
우리들의 꿈을 키우리다

달콤하고 구수한
아름다운 사랑 이야기
은하수 강물 이루면
은하수 그 강물에
조롱박 하나 띄워놓고
샘물 같은 꿈과 사랑
가득가득 퍼 담으리라
내 마음의 창문을
곱게 장식하리다

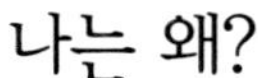

나는 왜?

그대 나의 창문을 두드리며
젊은 꿈 꽃처럼 꽃피울 때
그대 따뜻한 두 손으로
차가운 내 마음 녹여주며
장밋빛 사랑으로 승화(昇華)할 때
태양은 붉게 타오르고
그대 아름다운 노랫소리
온 누리에 메아리치노니
아! 나는 꿈을 꾸었네
행복에 취해 버렸네

하여 사랑이 잉태(孕胎)되고
그 사랑이 참사랑으로 거듭나
견고(堅固)히 여물어가는 동안
그 사랑 그 꿈을 지키기 위하여
그대 숨어 우는 눈물 보지 못했네
그대 한숨 소리 듣지 못했네
아! 나는 꿈속에 묻혀 사노라

그대 아픈 상처 보지 못했네

고운 우리 사랑 지켜내려는
그대 아픈 마음 보지 못하고
순결(純潔)한 백합의 향기 속에
검붉은 흑장미로 치장(治粧)하고
하이얀 천사의 날개 속에
청아(淸雅)한 저 하늘을 날고 있는
그대 겉모습만 보아왔네
사랑한다며? 사랑했다며?
왜? 진솔(眞率)한 사랑은 보지 못했을까?
아! 어설픈 사람이여!

한번쯤

해님도 가기 싫은 듯
멈칫거리며 넘고 있는
고갯마루 험로(險路)에
힘에 겨워 헐떡이며 넘고 있는
너와 나의 어제는
번민(煩悶)과 고뇌(苦惱) 가득 지고
삶을 찾아 꿈을 찾아
인생길 힘에 겨워 우는구나

저 언덕
저 고갯마루에 올라서면
힘겹게 지고 온 짐
그 무거운 속세(俗世)가
모두 다 부질없는 욕심이었음에
그 욕심 때문에 잃어버린
못다 한 꿈과 사랑이 너무도 애달파
마음속 깊이 이고 진 그 모든 짐
훌훌 벗어버리고

가벼운 몸과 마음으로
산세(山勢) 좋은 곳에 뿌리 내려
저 하늘을 지붕 삼아 세상을 벗하며
세월 따라 흐름이 옳지 않겠는가?
이 작은 심신(心身) 야생마가 되어
펄펄 날아보면 좋지 않겠는가?
한번쯤 희로애락에 젖어
마음껏 즐겨 보는 것도
그리 나쁘지만은 않을 텐데…
한번쯤 세상을 풍미(風靡)해 보는 것도
괜찮을 텐데…

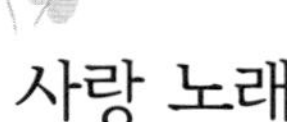

사랑 노래

씨앗에서
떡잎으로 태어나
새순 돋우어 성장기(成長期)를 거치며
꿈을 먹고 꿈을 키우며
세레나데(Serenade)를
부르던 너와 나

세월 흘러 계절은 바뀌고
푸르던 청춘도 건초 되어 시들고
너와 나의 청춘도 낙화(洛花)되어
실바람에 흩날리니

아! 너무도 짧았던
여름날의 꿈이여!
채 못다 이룬 사랑이여!
어쩌다 세월과 동행(同行)하여
이솝우화가 되어야 했는가?
저 하늘에 별이 되어야 했는가?

이제는 너와 나
한없이 높이 솟은
가을 하늘 저편에 서서
맑고 고운 은하수가 되어
옛 추억 흘러간 꿈이 되어
또 다른 세레나데를
감미(甘美)롭게 부르는 거야
새롭게 반짝이는 샛별들을 위해
너와 나 못다 이룬
꿈과 사랑을 가득 담아
꼬리별 떨어질 때 함께 전하는 거야
모든 꿈을 함께했던
그 모든 민초(民草)들에게…

별

꿈과 사랑의 메아리
감미롭게 울려 퍼지는 곳엔
언제나 그대 거기 있음에
꿈과 사랑 꽃피울 내일이 있음에
긴 밤 지새우며 기다렸는데
당연히 오리라 믿었던 내일…
아! 그러나 웬일인지
그 내일은 끝내 오지 않았습니다

내일을 약속했던 당신
그러나 끝내 오지 않은 내일 때문에
그 약속이 한없이 미웠습니다
저 하늘에 별이 되어버린
당신이 한없이 미웠습니다
그러나 점점 빛을 잃어가며
힘없이 내게로 떨어지는 꼬리별이
왠지 당신의 눈물이라 생각되어
너무도 많이 슬펐습니다.

하여 나는 오늘도 당신을 보려
어두움 내리는 뒷동산에 앉아
당신을 기다리며 당신을 찾아 당신의 별을 찾아
밤하늘을 올려다봅니다
당신이 좋아 당신의 빛나는 별이 좋아
반짝이는 별밤을 기다리는데…
왠지 오늘밤 저 하늘엔 별이 없네요
이 밤엔 당신을 볼 수가 없네요
보고픈데 정녕 많이 보고픈데…

급류(急流)

한낮이 끝나면
어두운 밤이 찾아오듯
흐르는 계절(季節) 따라
세월도 물같이 흘러
너와 나 우리 모두
시나브로 영글어가며
급변(急變)하는
세월의 흐름 속에
너와 나 서서히 익어가며
꿈과 사랑 찾아 떠도는
바람이 되어 구름이 되어
머나먼 순례(巡禮)길에 오르지

뜨거운 숨결이 숨 쉬는 곳
따스한 사랑이
함초롬히 묻어 있는 곳
꿈과 사랑이 피어나는 곳
어딘지 모를

그곳을 찾고 또 찾아
허공(虛空)중에 맴돌다
심연(深淵) 저 깊은 곳에서 우러나는
뉘우침으로 기도하며
잃어버린 자아(自我)를 찾아간다

언제나 나를 기억하며
사랑 주는 모든 이들의
건강과 행복을 기원(祈願)하며
점점 빠르게 흐르는
그 세월의 무게를 이겨보려
이미 지나가버린 그리움을 참아내려
오늘도 순례자(巡禮者)와 동행(同行)하는
소슬바람이 되어
굽이 굽이진 고개를 넘어
잃어버린 세월과 자아(自我)를 찾아
인생(人生)길을 간다

삼겹살에 쇠주 한잔

정겨운 벗님들
또 힘든 하루해를 보내며
오순도순 둘러앉아
이글이글 타는 불판 속에서
보기 좋게 누워 익어가는…

그래 아주 잘 익은
삼겹살 한 놈 골라잡아
약간은 시큼 새큼한
파김치 한 뿌리 돌돌 말아
오리지널 빨간 뚜껑
쇠주 한잔 곁들이면…

부귀(富貴)도 필요 없다
영화(榮華)도 필요 없다
입신양명(入神揚名) 너도 필요 없다
아! 지금 이 순간
이보다 즐거운 일 있을쏘냐?

이보다 더 맛깔스러운
이보다 더 행복한 일
그 어디메 있을쏘냐?
술 한잔에 흔들흔들
아무렇게나 흐트러져
철없는 것처럼 보일지라도

그 속내에 상하가 자리 잡고
그 속내에 선후가 있어
상부상조(相扶相助)하며 아끼고
서로 돕고 의지하며
일가친척 맺어지고
허허 껄껄 티격태격
이것이 우리네 살아가는 힘인 것을…

거칠고 힘들었던 하루 일과
지치고 멍들고 아픈 마음
너와 나 오순도순 모여앉아

이런저런 이야기 나누면서
오늘을 둘러보고 서로를 챙기면서
또 내일을 설계하고 준비하며
잘생기고 잘 익은 삼겹살 골라잡아
시큼 새큼 파김치에 돌돌 말아
빨간 뚜껑 쇠주 한잔 목 넘김이
우리네 살아가는 힘이요
우리네 살아가는 일상인 것을…
돈 주고 살 수 없는 행복인 것을…

백합(百合)

초(初)여름
한낮에 따사로운 햇살 등에 업고
그윽한 향기 가득 담은
백합(百合) 네가 많이 부럽고
눈부시도록 하이얀
순백(純白)의 순결(純潔)함이
실로 너무 부럽고
고아(古雅)한 너의 싱그러움과
청초(淸楚)한 네 모습이 부럽고
파릇파릇한 너의 젊음과
그윽한 너의 향기가
실로 너무 부럽다
하여 나 또한
너의 순수(純粹)함을
탐(貪)하고 싶구나

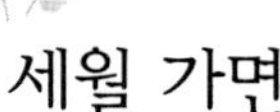

세월 가면

아침 이슬처럼
아름다운 너의 두 눈동자
영롱(玲瓏)하게 빛나고

고사리같이 예쁜 두 손에
맑고 따뜻한 피 흘러
온정(溫情)이 끓어 넘칠 때

꿈과 사랑이 샘솟으며
꽃 무지개 너를 반겨 하늘 높이 솟고
온갖 사물들이 곱게 단장하여
아름다운 세상을 장식할 때

단풍잎처럼 곱고 따뜻한 두 손
서로 꼬옥 맞잡고 보듬어
꿈과 사랑의 꽃을 피우렴

네 마음속에 차고 넘치는

그 따뜻한 꿈과 사랑
네 마음 저 깊은 곳에 간직하렴
이제 곧 찬바람 불어와
꽃 지고 낙엽 뒹굴면
아름답던 산과 들엔
하이얀 흰 눈 내려 차가움이 찾아온다

빛 고운 단풍잎처럼
아름답고 고웁던 너의 두 손이
누적(累積) 떡바위가 되고

따뜻했던 너의 두 손 온기를 잃고
해맑고 영롱했던 너의 두 눈동자
초점을 잃고 꿈을 잃어갈 때

심연(深淵) 저 깊은 곳에
네 마음 저 깊은 곳에
꼭꼭 간직하며 숨겨왔던

그 따뜻한 추억(追憶)을 꺼내보렴

까마득히 잊고 살았던
너의 아름답던 기억(記憶)들이
너를 반갑게 맞아줄 거야

꺼져가던 너의 등불에
맑고 고운 기름 넣어줄 거야
잊혀간 사랑 이야기 꿈이 필 거야

이렇게 너와 나 우리는
꿈을 키우며 꿈과 사랑을 먹고 살다가
아름답고 소중하기만 했던 너와 나의 꿈이
옛이야기가 되는 날 너와 난 꿈을 접는 거야…
너와 난 하나의 꿈으로 남는 거야…

당신은

노을 진 산마루에
가을 낙엽 흩날리고
내 마음 구름 따라
썰물에 씻기어간다

많은 세월 흘렀건만
내 마음 깊은 곳에
옹골진 옹이로 남아
온갖 그리움에 떨게 하는

하여 점점이 찍혀 있는
수많은 추억들 속에는
나쁜 기억들보다
아름답고 예쁜 기억들이
더 많이 자리 잡고 있다

그 어떤 그 무엇 하나 버릴 수 없고
그 무엇 하나 지울 수도 없는
꿈같은 수많은 사연들이
미련으로 남아도는
꿈같은 세월인 것을…

그렇게

밤새워 도란도란
이야기꽃 피우던
별님네도 잠이 들고
찬란한 아침노을 속으로
은은한 풍경(風磬) 소리 울리면

실루엣(Silhouette)처럼 희뿌연
여명(黎明)이 눈을 뜨고
잠에서 깨어
생명(生命)에 입김을 불어넣으면
아침 이슬에 흠뻑 젖은
가냘픈 민초(民草)들이
선잠에서 깨어
또 하루의 먼동이 튼다

이렇게 매일매일(每日每日)이
상전벽해(桑田碧海)가 되어
또 새로운 삶

새로운 꿈을 꾸게 한다
고달픈 인생살이
덧없이 흐르는 동안
상처뿐인 몸과 마음 의지할 곳 찾아
세월의 바람결에 흩날리면서도
힘에 겨웠던 어제를 애써 잊어가며
또 새로운 꿈을 심고 키우며
이 작은 마음 둘 곳을 찾아
오늘의 나를 가꾸어간다

끝없이 점철(點綴)되어
이어지는 기억들을
가슴 저편에 묻어가며
너와 나 우리
그렇게 또 오늘을 살아간다
그렇게 또 꿈을 키워간다…

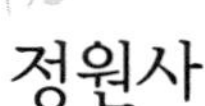

정원사

너와 나 꿈을 먹고 꿈을 꾸며
희망(希望)을 노래함은
너와 내가 걷는 이 길에
너와 내가 가꾸며 키워가고 있는
오색영롱한 꿈과 사랑에
밝은 서광(瑞光) 비추어 오길
간절히 염원(念願)하며
삶이란 험난하고도 거친
순례(巡禮)길에 오르지

때로는 좌절(挫折)도 맛보고
환희(歡喜)도 맛보며
험난(險難)한 가시밭길을 헤치며
새로운 길을 닦아가는 거지
험지(險地)를 옥토(沃土)로 개간(開刊)하여
삶을 심고 꿈을 심어
끊임없이 가꾸고 보살핌은
너와 나의 꿈과 사랑을 담을

작고 아담(雅淡)하고 따뜻한
둥지를 틀기 위함이지…
삶이란 행복의 꽃을 피우기 위함이지…

너와 나 고달픈 낮과 밤을
캔버스(Canvas) 삼아
보람차고 희망찬 삶을 그려감은
거칠고 볼품없던 너와 내가
명품(名品)이 되기 위해서이지
정직(正直)하고 부지런한
솜씨 좋은 정원사가 되어
삶이란 행복에
꽃을 피우기 위함이지…

동반자

꿈 많던 내가
첩첩산중(疊疊山中)
외진 골짜기에
홀로 선 고사목(枯死木) 되니
푸른 하늘이 몹시도 그리워
살아생전 절친(切親)했던
벗님네들 사이를 비집고
저 높디높은 하늘을 우러르니
바람 부는 잿빛 하늘가로
흰 구름 검은 구름 흐르며
나를 향해 슬픈 손짓하는구려
가엽고 애처로워
뜨거운 눈물 흘려주는구려

아! 이 몸 검푸른 녹림(綠林)에 둘러싸여
열매 맺던 호(好)시절에는
모진 비바람과 벗하고
살랑 부는 실바람과 노닐며

온갖 산새들 벗을 삼아
반세기를 풍미(風靡)하며 보냈건만
나 어쩌다가 심히 어쩌다가
폭풍의 소용돌이에 휘말려
고사목(枯死木)이 되어야 했을까?
그 누구보다 꿈 많던 내가
벌거숭이 고사목이 되어
그 옛날을 회상(回想)하게 될 줄이야…
꿈을 먹고 꿈을 꾸던 내가
꿈이 될 줄이야…

아! 야속타 세월이여!
쉴 줄 모르고 흐르기만 하는 너
정녕 얄미운 세월이여!
어찌 옛정을 잊고
짐짓 모르는 체하는가
너와 나 함께 동행(同行)해 온
동반자(同伴者)였는데

이렇게 척(隻)을 지고 지내서야 되겠는가?
그러지 말고 주위 한번 둘러보시게나
세상만사 급변(急變)함을
자네가 모르는데
낸들 어찌 알겠는가?
세상 흐름의 오묘(奧妙)한 이치(理致)를…

아! 벗이여! 세월이여!
아직 많이 가야 할 그 길을 위해
지나온 이야기 안주 삼아
넘쳐나는 꿈과 사랑을
술잔에 가득 채워
권주가(勸酒歌)나 불러보세
남은 꿈을 위하여…

욕망(慾望)

꿈을 꾸며 그 꿈을 위하여
패기(覇氣)와 의욕(意慾)으로 도전(挑戰)하며
사력(死力)을 다해 오르고 또 올라
정상(頂上)인 줄 알았는데
이제 고작 칠부능선이라니…
인생(人生)길 정상(頂上)은
왜? 이다지 멀고 험하기만 할까?
나 꿈에 그리며 찾고 있는
핑크카펫(Pink carpet) 깔려 있는 길
꽃향기 그윽한 그 꽃길은
어디쯤 앉아 있을까?
아! 가도 가도 보이지 않는 정상이여!
나 언제쯤 그곳에 올라
목청껏 메아리쳐 불러볼까?
꿈을 이루었노라고…
행복을 찾았노라고…
나 정상에 섰노라고…

회상(回想)

홀로 남아 있던 캘린더(Calendar)
강제로 철거(撤去)되면
또 떠나가는 한 해의 희비(喜悲) 속에
내쉬는 한숨만큼 익어가고
정상(頂上)에 허이연 서리 내리면
성성(星星)한 백발 속에
들어차는 고뇌(苦惱)여!

가물가물 흐려가는 시야(視野) 속에
주름살은 자꾸만 깊어가고
지나온 길 그 발자욱 자욱마다
점점이 묻어 있는
세월의 혼탁(混濁)한 흔적(痕迹)들은
이내 마음을 아프게 하지…
이내 가슴을 저미게 하지…

언제나 그랬듯이 아이들의 재롱 속에
또 하루의 힘든 삶을 녹이고 보듬으며

밝아오는 내일을 설계하던
지극히 당연한 삶이었는데
불 꺼진 창가엔 적막함이 자리 잡고
언제부터인가 들리지도 보이지도 않는
가정(家政)의 단란(團欒)함이여!

남풍 불면 꽃 피는 봄이 오듯
해 지면 온 가족 둘러앉아
히히 하하 웃음꽃 만발하던
정겨웁던 옛 모습 어디 가고
변해 가는 세월의 흐름 속에
뿔뿔이 흩어진 핵가족(核家族)에
노인(老人) 홀로 외로움을 삼킬까?

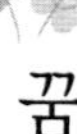

꿈

고개 너머 저편에서
동장군(冬將軍)을 등에 업고
차가운 소슬(蕭瑟)바람
스산하게 불어와
낙엽은 제풀로 떨어지고
상처(傷處) 입은 낙엽들은
애잔하게 찬바람에 떨고 있네

낙엽 잃은 앙상한 수목(樹木)은
죽은 나무처럼 외로이 서서
잿빛 하늘을 우러러
하염없이 읍소(泣訴)를 한다
모두들 떠나버린 빈 공간(空間)에 서서
달콤했던 어제를 그리며
몽환(夢幻)에 젖어든다

나무는 꿈을 꾼다 또 꿈을 꾼다
따스한 봄날 혜풍(惠風) 불어와

아지랑이 아롱대는 너울 속에서
벌 나비 함께 노래하고 춤추는
꽃비 내리는 춘양(春陽)에 서서
청명(淸明)한 푸른 하늘을
헤적이는 꿈을 꾼다
따뜻한 봄날을 기다리며…

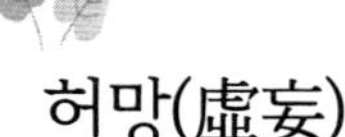

허망(虛妄)

이성(異性)에 눈을 뜨고
이성(異性)에 호기심(好奇心)을 키우며
꿈같은 사랑을 찾아
미지(未知)의 세계를
수없이 넘나들었고
상상(想像) 속에 그리며 또 그리던
님을 맞이하기 위하여
해맑고 청초(淸楚)한
꽃 한 송이 피워 들었네

아지랑이 너울대는 어느 날
나만의 그윽한 향기를 찾자
내게로 날아온 그대
사뿐히 날개를 접고
내 품에 자리 잡은 그대
난생처음 사랑을 알았고
부푼 꿈을 꾸기 시작했다네
너무도 따뜻하고 포근한

그대 품에 안기어
시린 듯 파아란
저 하늘을 날았고
하이얀 솜털 같은 구름 위에
두둥실 떠서 흐르며
온 세상을 가슴에 담고 품으며
황홀한 꿈에 취하고
행복에 취했다네

내 품에 안긴
사랑스러운 오직 한 사람
그 사람을 지키기 위하여
모든 신명(身命)을 다 바쳐
꿈을 심고 그 꿈을 키우며
아담하고 어여쁜
둥지를 틀었다네
아! 그러나
찬바람 불어와 손짓하니

그를 따라 날아가 버린 꿈이여! 사랑이여!
하여 내 마음에 향기 흩어지고
이 몸은 시들고 건초되어
그리움에 갈증(渴症)으로 소멸(燒滅)되니
깊은 산중에 홀로 섰는 망부석처럼
고독지옥(孤獨地獄)에 떨어지는구려

네잎클로버

제법 추운
십이월의 들녘
된서리 내려
하얗게 물든
양지 녘 한켠에
민들레
하이얀 관모(冠毛)를 달고
바람을 기다리는 밑에서
빼꼼히 고개 내민
싱싱한 클로버 하나

반가움에 자세히 보니
앗! 네잎클로버다!
한여름에도 찾을 수 없던
그 네잎클로버가
한겨울에 보이다니
아! 오늘 무슨
좋은 일 있으려나…

제4부

너와 내가 쓴 시(詩)

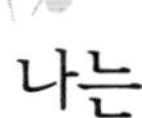

나는

나는 간밤에 내린
은빛 영롱한 이슬
풀잎에 맺혀 꿈을 꾸었지
작은 흐름이 되어 집시(Gipsy)가 되어
한세월(閒歲月)을 유유자적(悠悠自適)하며
실루엣(Silhouette) 같은 꿈을 보았지

풀잎과 노닐던 나
어느 새 흐르는 개여울이 되고
작지만 맑은 시냇물 되어
얼핏 보았던 꿈을 찾아 흐른다
고여 드는 샛강보다는
힘차고 강인(强靭)하게 흐르는
그래! 강물이고 싶다

유유히 흐르는 저 강물 속으로
내일이 희미(稀微)하게 다가와
또 다른 내일을 또렷하게 보여줄 때

어설펐던 꿈을 정리하고
정녕 참다운 꿈을 장착(裝着)하여
흐르는 저 강물에 녹아들어
바다로 바다로 흘러가리라…

하여 저 강물에 녹아내린
꿈과 사랑 찾아 챙기며
바다로 바다로 흘러
하이얀 뭉게구름 춤추고
시린 듯 푸른 맑은 하늘 맞닿은
아득한 수평선 저곳에서
괭이갈매기 벗을 삼아
꿈과 사랑을 노래하리라…

너와 내가 쓴 시(詩)

나는 네가 되고
너는 내가 되어
두 손 마주 잡고
도란도란 정(情)겹게
동행(同行)하여 걸어온 길

그 길에
잔잔히 깔린
아주 많은 꿈들이

더러는
산산(散散)히 흩어지고
더러는
누적 떡바위 되어
심연(深淵) 저 깊은 곳에
앙금으로 내려앉아

우리 지난날을

돌이켜보게 하는
그래 그래
너와 내가 만들어온
삶의 그림자들이 거기 있구나

하이얀 눈 위에 찍힌
앙증맞은 발자욱처럼
가냘픈 듯 또렷한
한 권의 시선(詩選)이 되어 있구나

너와 나의 꿈과 사랑이
끝없이 점철(點綴)되어
따뜻하고 포근한 시(詩)가 되어
때로는 감미(甘味)롭게
때로는 우아(優雅)하게
이야기하고 있구나

윤회(輪回)

언제나 그랬듯이
엄동설한(嚴冬雪寒) 지나면
따뜻한 봄이 찾아오고
너와 내가 꾸는 꿈엔
악몽(惡夢)도 있고
길몽(吉夢)도 있듯이

너와 나 함께
살아 숨 쉬는 동안
까아만 밤하늘에
반짝이며 떨어지는 유성(流星)처럼
잠시 잠깐 그렇게
살게 될지라도

너와 나 지나온 그 길
절대 되돌아보지 말자
비록 빛을 잃은 운석(隕石)이 되어
깊은 초야(草野)에 묻힐지라도

지난 삶에 미련(未練)을 갖지 말자
못다 한 그 꿈도 아쉬워 말자

계절 따라 산천도 변하고
세월 따라 생명체(生命體)도 바뀌듯
너와 나 또한
흐르는 시간(時間) 속에 따라 돌다가
언젠가는 제자리로 돌아오겠지
또 다른 삶으로 태어나
그 시절(時節)에 걸맞은 꿈과 사랑을
잉태(孕胎)하며 말일세

어떡할래

아련한 꿈속에
세월 흐르면 그 흐름 속에
세상 그 모두는 익어가고
나의 삶도 익고
가슴으로 맺은 사랑
그 사랑도 익어가겠지?

또 세월 한참 흘러
아름답던 사랑 떠나가고
그 사랑 몹시 그리워지면
그땐 어떡할래?

그래 잊어야지
하면서도 끝내 잊지 못해
또 그리움이 터지고
그리움에 눈물
강물 따라 흐르고…
가슴 깊은 곳에

아리한 아픔 찾아오면
또 슬픔에 잠길 텐데
그땐 또 어떡할래?

추억도 미련도
그리움에 함께 묻어
다시 또 태어나면
그땐 또 어떡할래?

드넓은 세상
그 모두 다 익어가고
나도 많이 농익어
꿈도 사랑도 가버렸는데
이젠 또 어떡할래?

그래 이제 내게 남은 것은
그리움 반 외로움 반
그리고 허이연 반백에
한 서린 주름뿐인 걸 어떡하겠니?

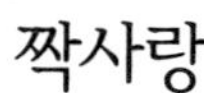

짝사랑

그대 너무 좋아서
때로는 백합처럼
순백(純白)에 순결(純潔)함을 담아
짙은 향기 뿌려보고

그대 정말 사랑하고파
때로는 흑장미처럼
검붉은 열정(熱情) 드러내며
고혹(蠱惑)한 향기로 무장(武裝)하고
용기 내어 대시(Dash)해 보지만

마주하면 심한 울렁증에
하고픈 말 차마 하지 못하네…
아! 내면 깊은 곳에서는
부딪쳐라 그리고 고백해라 하건만
마음 깊은 곳에 숨은 그 말
끝내 꺼내놓지 못하는…
그러나 오늘은 결코

내 참뜻을 밝히리라
굳게 다짐하고 또 해보지만
마주하면 말 못 하고
헤픈 농담(弄談)으로 얼버무리는…
아! 차라리 망부석(望夫石)이 되고파
그래 말 못 하는 망부석이어라!

님의 마음 갈구(渴求)하며
애태우는 이내 심정(心情)은
하이얀 재가 되어 날리고
사랑의 목마름은
시원한 단비를 기다리는데
이내 마음 아는지 모르는지
얄미운 님은 망부석처럼
아무런 표정(表情)도 없네
나 혼자만의 사랑이기에…

나비

은은한 향의
노오란 프리지어(Freesia)를
몹시도 사랑하던
곱디고운 그 모습
세월 속에 묻어가고

하늘은 저렇게
맑고 푸른데
노오란 꽃잎은
고운 꽃 고이 접고
한 마리 나비 되어
저세상에 나빌레라

그 님 날아간
그 하이얀 빈자리
하늘처럼 높고
검푸른 바다처럼
넓기만 한데…

봄은 또 오고
프리지어도 저렇게
고운 미소 흘리는데
세월에 묻어간
곱고 아름답던 그 꿈
나비 되어 날아간 꿈…

가로등 불빛 밑으로
솜털 같은 백설(白雪)이
하얀 나비인 양 날아
밤하늘을 수놓으며
봄님을 부르면
또 그리움이 쌓여가겠지…

열매

은하수
저 강물 위로
반짝이며
꼬리별 떨어질 때
나는 꿈을 보았네
그 꿈을 먹고 키웠네

하여 꿈은 잉태(孕胎)되고
그 꿈은 무럭무럭 자라
긴 세월 산고(産苦) 끝에
세상을 보았다네 이 세상에 왔다네
환희(歡喜)로 탄생(誕生)하였다네
저기 빛나며 떨어지는 꼬리별처럼
비록 잠시 잠깐 빛날지라도…

하여 가슴 벅찬 이 영광(榮光)을
소리쳐 노래하나니
메아리야! 울려라 저 멀리 멀리…

이 깊고 깊은 산야(山野)를 지나
저 넓은 세상에 울려 퍼지도록
큰 소리로 메아리쳐다오 큰 소리로…
나는 꿈을 보았고 그 꿈을 찾았노라고…
그 꿈이 자라 열매를 맺었노라고…

만남 뒤에 있는 것

너와 나의
인연(因緣)은
사랑을 꽃피우고

사랑은
따스한 봄볕 속에
혜풍(惠風)처럼 불어와
설레임을 안겨주고

사랑은 어느 새
성큼 다가와
죽순처럼 자라나고

사랑은
샘물처럼 솟아
불타는 목마름에
갈증(渴症)을 풀어주고

하여
사랑을 먹으며
사랑에 취(醉)하고

두둥실 구름 위에 떠
빛 고운 꿈을 꾸며
행복의 청사진을
그려왔다네

아! 그러나
먼 길을 돌아서야
나는 알 수 있었네

마냥 즐겁기만 하던
우리의 만남 뒤에는
이별의 아픔과
쓰라린 고통이 있다는 것을…

반드시 뒤따른다는
회자정리(會者定離)는
나를 슬프게 하고
애써 만든 그 사랑
잃어버린 사랑이
너무도 마음이 아파
가슴속엔 그리움만 쌓이고

먼지처럼 쌓여가는 그리움은
이 작은 육신(肉身)을 병들게 해
애써 만들어온 만남을 후회하게 하네

봄날

살얼음 풀린 물가에
잔물결 일렁이는
봄바람이 놀다 간 자리
그곳에 동심(童心)이 있고
물수제비 뛰어오른다

살랑 부는 봄바람이
진달래 팔락이는
진분홍 치맛자락
짓궂게 헤적일 때
아지랑이 너울 속으로
꿈이 익어간다

파릇파릇 황새냉이
청록색(青綠色) 저고리에
하이얀 화관(花冠) 쓰면
소리쟁이 된장국에
구수한 내음 따라
또 그렇게 훌쩍
봄날은 익어간다

생(生)

생기(生氣) 넘치며
청아(淸雅)하고
고혹(蠱惑)한 꽃봉오리
한 잎 또 한 잎
꽃잎 펼쳐 꿈을 키우며
삶을 노래한다

따사로운 햇볕 속에
모진 폭풍우(暴風雨) 속에
세월 훌쩍 흘러
빛바랜 꽃잎 바람 따라 흐르고
꿈도 퇴색(退色)하고…

꿈을 잃은 꽃잎은
날개 잃은 후조(候鳥)처럼
시름시름 시들어가며
실바람에 낙화(洛花)되어
머나먼 순례(巡禮)길에 오른다
또 새로운 시작을 위해…

선택(選擇)

내가 굳이
홀로 외로이
살아가려 함은
언제나 그랬듯이
만남 뒤엔
꼭 이별이
따른다 하기에
난 애써
만남을
피하려 한다

이별 뒤에 오는
그 아픔이 싫어서
이별 뒤에 쌓이는
그리움이 싫어서
난 차라리
외로움을
택하려 한다

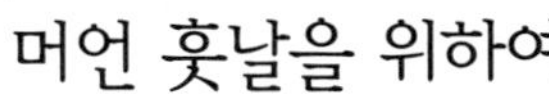

머언 훗날을 위하여

사계절(四季節) 부는 바람아!
모든 걸 다 가지려 하지 말고
모든 걸 다 알려고 하지 마라
그 모든 걸 다 갖는다고
그 모든 걸 다 알고 있다고
삶의 전부는 아닌 것을…

때로는 추억으로
때로는 그리움으로
때로는 환상(幻想) 속에 묻어두며
애써 덮어두고
저 멀리 먼 곳을 보자

때로는 묻어주고 덮어줌이
더 멋진 꿈을 이룰 수도 있단다
하여 애써 그 모든 것을
다 가지려고도
다 알려고도 하지 말자

때로는 덮어주고
때로는 묻어두어
꿈으로 키우고
기다림으로 남겨두며
환상으로 키워보자
혹 몹쓸 실망(失望)에 빠져
전율(戰慄)을 느낄지라도
남겨둘 줄 아는 묻어둘 줄 아는
그런 삶을 살아보자
그런 비밀 하나쯤 간직해 보자

머언 훗날
타임캡슐(Time capsule)을 꺼내보듯
그렇게 우리들의 꿈 많던
젊은 시절을 꺼내보자
무슨 꿈을 꾸었으며 무엇을 그려왔는지
또 어떠한 비밀이 있었는지도…

언제쯤

우리에게
꿈이 없다 함은
희망이 없음이지

그러나
제멋대로 자라난
환상(幻想) 속의 헛된 꿈
그런 거창(巨刱)한 꿈

그것은 꿈이 아닌
사치(奢侈)에 둘러싸인
허망(虛妄)된 욕심인 것을…

애써 욕심(慾心)을
꿈이라 에두르며
헛된 꿈을 키우고
그 꿈은 망상(妄想)을 부르며
망상은 삶을 갉아먹는대…

아! 우리 언제쯤
몽환(夢幻)에서 벗어나
예지력(叡智力)을 키우며
진솔(眞率)한 꿈을 찾을까?

너와 내게 놓여 있는 길
그 길을 순리(順理)대로 걸으며
주어진 만큼 지니며
있는 그대로를 사랑하며
진정(眞正)한 꿈을 키울까?

언제쯤이나
헛된 욕심을 버리고
참된 꿈을 찾을 수 있을까?

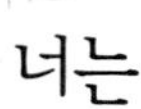

너는

고요한
이른 봄날에
물안개 피는
산속에 서서
가만히
귀 기울여보렴

나목들의
물오르는 소리 들리고
숲의 요정들
소곤거리는
속삭임이 들릴 거야

후드득 툭툭
울긋불긋한 잎눈들의
물먹는 소리 들리고
이름 모를 산새들

합창 소리와 함께
봄 오시는 소리 들릴 거야

너는
아기 천사의
날개처럼 부드럽고
봄님의 입김처럼
따뜻하고 포근한
시인의 눈과
마음을 지녔기에…

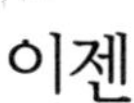

이젠

너와 내가 태어나
맺어지는 인연(因緣)과
만남으로 시작되는 사랑과
둘이서 만들어가는
아름다운 이야기들이

이 세상엔 그 모두가
신비로운 꿈인 것을…
하여 그 꿈을 찾아 가꾸고
삶을 터득(攄得)하며
꿈과 사랑도 취득(取得)하며

이렇게
그 모든 것을 소유(所有)하며
살아가는 그 길에
크고 작은
그리움이 있다 함은
애써 찾은 꿈과 사랑을

잃어버렸음이겠지
그 사랑 아쉬워함이겠지?
잃어버린 꿈과 사랑을
그리움으로 묻으며 살아가고 있음은
미련(未練)을 버리지 못함이겠지

그리움이 자리한 곳엔
애타는 보고픔과 슬픔에 잠긴
외로움이 흐르고 있기에…
보고픔은 그 무엇으로도
지우거나 잊을 수 없는
뼈아픈 상처를 남기며
심연(深淵)보다 더 깊은
그리움으로 남아돌기에…

이젠 만남을 피해야겠다
만남 뒤엔 이별이 따르고
이별 뒤엔 그리움이 남기에…

딱따구리

산수유
꽃망울 흐드러진
외진 등산로 저편에서
따다닥 딱딱
들려오는 드럼(Drum) 치는 소리…

오랜 세월 흘려보냈기에
이제는 산비탈에 뒹구는
썩은 나무둥치 위에서도

외롭게 홀로 서서
그 옛날을 회상(回想)하는
벌거벗은 고사목 위에서도

따르륵 딱딱
드럼 치는 소리 들려온다
먹이를 찾기 위함인지
삶을 찬양하는 노래 노래인지…

그 소리에 묻혀 들리지 않는
또 다른 소리 힘없는 소리 보인다
애처로이 삶을 마감하는
애벌레의 슬픈 이별가가…

썩어 사그라져가는
고사목 위에서 벌어지는
생과 사의 갈림길이다

그곳에 드러머(Drummer)가 있었네
타고난 드러머
오색딱따구리가…

우리

내 가슴에 품은 꿈
그 꿈은 고향(故鄕)이며
그 꿈은 사랑이고
그 꿈은 환상(幻想)이다

우리 일상(日常)에서
너무도 쉽게
오르내리는 말　　꿈
너무도 쉽게
썼다가 지워버리는
마음속에 새긴 글　　꿈

진정한 꿈이란
가슴에 담기도 어렵고
가슴에 담은 그 꿈
그 꿈을 이루기란
그 꿈을 지켜내기란
장대로 하늘 재기인 것을

허나 시작도 없이
포기부터 하는
어리석음은 범하지 말자

내가 품은 꿈
크고 작은 꿈 그 꿈이
비록 꿈으로 끝날지라도…

꿈은 이루었으나
밤하늘에 혜성처럼
잠시 잠깐 빛날지라도…

내가 품은 꿈
그 꿈을 위해
나의 모든 것을 걸어보자
그것이 곧 삶이기에…

단장(斷腸)

사랑은
따사로운 봄볕처럼
작은 가슴속에 스며들어
새싹처럼 자라며
벅찬 환희(歡喜)에 묻혔지

그러나
불같이 뜨겁던 그 사랑
세월 따라 흐르며
시나브로 식어가더니
마냥 덤덤해지더라

그냥 그렇게 많은 봄날이 가고
또 새로운 따뜻한 봄날에
님은 먼 길을 나섰다네
그렇게 님 떠난 한참 후에야
아! 나는 깨달았다네

희생(犧牲)으로 점철(點綴)된
뼈를 깎는 아픔을…
당신 홀로 감내(堪耐)하며
앙가슴에 묻어온
인고(忍苦)의 세월(歲月)을…

사랑한다며?
정녕 사랑했다며?
먼 길을 한참 돌고 돌아서야…
님 먼 길 떠난 이제야…
아! 너무도 때늦은 이제야…

님이 베풀며 감싸 안은
그 사랑의 깊이를…
님 홀로 참아내며 견뎌온
인고의 세월을 …
이제야 알게 되다니…

아! 때늦은 후회 속에
가슴을 치며 통곡(痛哭)을 해도
아무 소용이 없어라
지나온 그 세월(歲月) 그 시절(時節)
되돌릴 수 없어라…

우리 사랑이 꽃을 피우던
그 아름답던 시절(時節)로
나 되돌아갈 수만 있다면…
님과 다짐하며 맹세했던
그 약속 지킬 수만 있다면…

아! 이토록
절절(切切)하지는 않을 텐데…
아! 이토록
후회스럽지는 않을 텐데…

눈[雪]

아!
눈 오네 눈이 오네
하이얀 찔레꽃 되어
흰 눈이 내리네
오목눈이 숨어드는 덤불 위에도
할미새 깝죽대는 감나무에도
하이얀 흰 눈 내려
소복이 쌓여가네

이별의 아픔 속에
온갖 그리움이 쌓이듯
그렇게 흰 눈 내려
온 세상을 덮고 있네
가슴속에 흐르는
그리움에 젖은 눈물
숨기려 숨겨보려는 듯
하이얀 흰 눈 내려 덮고 또 덮으며
소복이 쌓여가고 있네

그때

지금(只今)은
내일의 추억이 되고
그리움이 된다는 것을
너와 나 지금은 모른다

그 모든 것이
너와 내 곁에 있을 때는
정말 모른다

이제 시나브로 모두들 떠난
조금은 머언 훗날
세월 한참 흐른 후에야

무심코 흘려보낸
그때가 많이 아쉽고
그때가 마냥 그립고
그때가 생각나 보고 싶은…

그래 그렇게 무심히 흘려버린
그것이 머릿속에 영상(映像)으로 남아
자꾸만 생각나는 그리움인가 보다…

생각 없이 지나쳐온
그 세월 그때를 그리워함이
흘러가는 세월 속에 간직한
너와 나의 일기장인가 보다…

몽환(夢幻)

간밤에 오신
곱고 영롱한 이슬
아침 해 떠오르면
슬그머니 사라지기에

인연 있어 맺은 내 님
아침 이슬 아니기를 언제나
빌고 또 빌었는데
쓰다 달다 말도 없이
머나먼 길 나섰다네

내 님만은 잠시 잠깐 빛나는
영롱한 아침 이슬이 아닌
언제나 퐁퐁 솟아오르는
맑고 깊은 옹달샘이길
마음속으론 빌고 또 빌었는데…

아! 꿈이었네 꿈이었네

모든 것이 다 꿈이었네
마음 설레이며 그려온
어설픈 몽환이었네

사라진 아침 이슬은
긴 밤 지나고 밝은 아침 오면
살포시 웃음 짓고 있는데…
영롱한 그 모습 반짝이는데…

먼 길 떠난 내 님은
저 하늘에 별이 되어
달님과 노시느라
벌써 나를 잊어버렸나
꿈속에서도 보이질 않네…

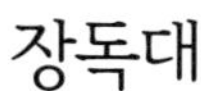

장독대

하이얀 민들레
만개(滿開)한 꽃술 위로
실바람 살랑 부는
장독대 위로
따스한 햇살 흐르고
노오란 병아리 떼
졸음 안고 꾸벅이면…

간장 고추장
익는 내음 폴폴 흐르며
따가운 햇살을 부르고
햇살 가득 찬
정겨운 장독대엔
너와 나의
고향이 숨 쉰다